AF266070

CAMILLE VIOX

VIE

DE

ANTOINE BERTIER

DE ROVILLE

NOUVELLE ÉDITION

PARIS

LIBRAIRIE SCHULZ ET FILS, RUE DE SEINE, 12

NANCY
LIBRAIRIE GROSJEAN-MAUPIN

LUNÉVILLE
LIBRAIRIE Ve LEMOINE

1875

CAMILLE VIOX

—

VIE

DE

ANTOINE BERTIER

DE ROVILLE

—

NOUVELLE ÉDITION

PARIS

LIBRAIRIE SCHULZ ET FILS, RUE DE SEINE, 12

NANCY	LUNÉVILLE
LIBRAIRIE GROSJEAN-MAUPIN	LIBRAIRIE Vᵉ LEMOINE

—

1875

NANCY

IMPRIMERIE NANCÉIENNE, 1, RUE DE LA PÉPINIÈRE
Directeur : GÉBHART

VIE

DE

ANTOINE BERTIER

DE ROVILLE

I

L'homme dont on va lire la biographie offre, dans sa personne, un remarquable exemple des oublis immérités que la renommée commet parfois.

C'est, à coup sûr, un des plus utiles à son pays, et l'un des plus dignes de respect que nous ayons connus. Nul n'a montré, à la fois, un sens plus exact des réalités humaines et un désir plus éclairé du progrès. Il fut, tout ensemble, un économiste, un agronome, un politique, un esprit positif et cultivé, un homme pratique et un homme du monde accompli. Il a rendu, notamment, à l'agriculture qu'il aimait pardessus toute chose, les services les plus persévérants et les plus essentiels. Il a même fait pour elle autant, sinon plus, que d'autres dont on se souvient mieux aujourd'hui.

A quoi tient donc cet oubli dont il nous appartient peut-être de nous plaindre, en son nom, plus qu'il ne se serait plaint lui-même de son vivant? A diverses causes dont le lecteur démêlera, sans doute, les principales.

Le biographe ne les discutera point ici, attendu qu'il n'entend faire ni un pamphlet ni un plaidoyer. Il racontera seulement les choses comme elles se sont passées, et la vie d'Antoine Bertier telle qu'il l'a connue. Il est persuadé que les faits parleront assez d'eux-mêmes, pour que le lecteur rende au patriarche de Roville la justice qui lui est due.

II

Antoine Bertier, né à Nancy le 26 septembre 1761, est mort à Roville, le 5 décembre 1854, à quatre-vingt-treize ans.

Son père, homme éclairé, lui donna les meilleurs maîtres. Commerçant lui-même, il le destina au commerce ; mais Nancy n'était pas alors un centre d'affaires assez considérable pour développer dignement les facultés précoces dont son fils faisait déjà preuve. C'est pourquoi Antoine Bertier partit de très bonne heure pour la Hollande, et de là, se rendit à Hambourg, chez un des correspondants de son père. Chemin faisant, il apprit le hollandais et l'allemand, comme plus tard il apprit aussi l'anglais à Saint-Domingue, autant par amour des lettres et des plaisirs de l'esprit qu'en vue des services que cela pourrait lui rendre dans les affaires. Le chef de la maison à laquelle il était attaché, frappé de l'aptitude et de l'activité qu'il montrait, lui dit un jour : « Mon jeune ami, ne restez pas en Europe : allez plutôt en Amérique. Partez pour les colonies françaises : St-Domingue est le pays qu'il vous faut; vous y arriverez plus vite et mieux à la fortune. Je vous munirai de toutes les recommandations désirables. » Antoine Bertier suivit ce conseil. Il partit à vingt ans, en 1781; mais, avant de partir pour le Nouveau-Monde, il avait renoncé spontanément, en faveur de ses frères et sœurs, à ce que ses parents pourraient lui laisser après eux.

Il trouva, en arrivant à Saint-Domingue, un Israélite, Portugais d'origine, qui, charmé de sa

jeunesse et de son mérite, lui prêta généreuse-
ment sur parole la somme énorme de trois cent
mille francs, et qui, plus tard, lorsque son débiteur
la lui rapportait avec les intérêts légitimement dus,
accepta seulement le capital et refusa le reste,
ajoutant avec le plus noble désintéressement :
« Cette somme dormait sans profit pour moi. Dans
mes mains, elle serait demeurée improductive ;
je n'en avais pas l'emploi. Je suis heureux qu'elle
vous ait été utile : c'est le meilleur intérêt que
j'en puisse retirer. » Il va sans dire que M. Bertier conserva, toute sa vie, la plus vive reconnaissance pour un service si bien et si complétement
rendu. De pareils exemples de délicatesse sont
trop rares, pour qu'on ne les signale pas avec
empressement, lorsqu'on les rencontre.

Antoine Bertier acquit, en huit années, une fortune de quatre cent mille francs ; mais alors il voulut revoir la France. Muni d'une somme de quinze
mille francs, il partit, laissant derrière lui le reste
de ce qu'il possédait. C'était en 1789. Lorsqu'il
débarqua, la Révolution française était commen-
cée. Il voulut y prendre part. Il se mêla donc au
mouvement avec l'ardeur d'un jeune homme unie
à la sagacité d'un vieillard, et Nancy le chargea
de la représenter à la fédération de Lyon.

Ce fut vers le même temps que, de concert avec plusieurs de ses amis, il proposa de rechercher quelle profession avait le plus besoin d'être relevée et poussée énergiquement dans la voie du progrès. Tout le monde tomba d'accord avec lui que c'était l'agriculture, et chacun résolut de s'y livrer, afin de contribuer par son exemple, ses lumières et sa fortune, à la tirer de l'état misérable où elle languissait. C'était faire acte d'excellents citoyens.

M. Bertier acquit alors, en 1791, la première partie de cette terre de Roville qu'il ne devait plus quitter. Il y vécut encore plus de soixante ans. Roville n'était, à cette époque déjà lointaine, qu'un pauvre hameau. La plaine qui le sépare de Bayon était déserte; on n'y cultivait qu'une seule pièce de terre, et l'on n'y voyait que deux arbres pour toute verdure. Le reste n'était que grèves désolées, marais infects ou ruisseaux fangeux. Qui la reconnaîtrait aujourd'hui?

M. Bertier préféra néanmoins ce triste domaine à d'autres meilleurs qu'il aurait pu acquérir, justement à cause de ses défauts. Il pouvait mieux y exercer toutes ses facultés.

Ajoutons cependant qu'il y trouvait encore un autre avantage. Roville avait été soumis, en même

temps qu'une commune voisine, à la réunion
territoriale, par M. de la Galaizière, en 1770.
Son territoire était partagé en sections par des
chemins de division très commodément disposés.
Chaque section était, à son tour, partagée en
sillons parallèles qui tous aboutissaient sur des
chemins. Les propriétés y étaient parfaitement
libres. M. Bertier souhaitait ardemment qu'il en
fût de même dans toutes les communes de France.
Il mit à formuler son vœu un zèle et une persé-
vérance que rien ne découragea. C'est, de toutes
les questions agricoles dont il s'occupa, celle qui
lui tenait le plus au cœur. Il y revenait sans cesse
dans ses conversations, dans sa correspondance
et dans ses ouvrages. Ce n'est ici ni le lieu ni le
moment de nous étendre sur ce point; mais nous
avons cru devoir, en historien fidèle, signaler à
nos lecteurs l'extrême importance que M. Bertier
attachait à sa thèse favorite. Le zèle qu'il mettait
à la défendre tenait de l'apostolat; malheureusement, il ne put vaincre l'esprit de routine qui lui
a survécu, et n'a pas encore permis de lui donner
raison.

Peu de temps après son installation à Roville,
M. Bertier apprit que les troubles de Saint-Domingue venaient de lui coûter sa fortune entière.

J'ai vu, dans les papiers qu'il a laissés à sa mort, de nombreuses lettres pleines de détails sur les ravages commis par les nègres insurgés. On y pouvait suivre pas à pas la marche de l'insurrection. L'énumération des plantations livrées aux flammes, des habitations saccagées et détruites, des excès de tous genres auxquels se livraient les Noirs furieux, était longue et faite avec une vivacité qui ne laissait aucun doute sur son exactitude. Les auteurs de ces lettres ne parlaient que de choses dont ils avaient été témoins oculaires. La plupart du temps les scènes qu'ils décrivaient s'étaient passées chez eux-mêmes, ou à côté d'eux. Inévitable conséquence de l'esclavage! les nègres, traités comme du bétail, se réveillaient avec tous les instincts des bêtes fauves.

Antoine Bertier ne songea pas à leur en faire un crime pour son propre compte. Il se borna à dire qu'on l'avait voulu, et qu'on aurait dû s'y attendre. L'abolition graduelle de l'esclavage était, à ses yeux, l'unique moyen de concilier à la fois tous les droits et tous les intérêts. Au reste, il n'admettait pas que la race noire fût seulement un intermédiaire entre l'homme blanc et le singe. Il ne croyait qu'à son infériorité relative et momentanée. Il aimait à citer de nombreux exemples d'intelligence et d'énergie qu'il avait recueillis chez des nègres, et, entre autres, chez Toussaint-Louverture qu'il avait personnellement connu. Ces opinions le mirent en relation avec notre autre compatriote, l'abbé Grégoire, ancien président de la première Constituante et de la Convention. Une véritable amitié lia ces deux hommes de bien, et leur correspondance ne s'interrompit qu'à la mort de l'abbé Grégoire.

III

Au lieu de donner de vains regrets à sa fortune détruite, Antoine Bertier se mit courageusement à l'œuvre pour la rétablir. Les circonstances n'étaient pourtant pas favorables. L'acquisition de Roville lui mettait sur les bras une charge considérable : environ cent mille francs, et les quinze mille rapportés de Saint-Domingue suffisaient à peine à son installation. Le Gouvernement, il est vrai, donna quelques modestes secours aux colons dépouillés; toutefois M. Bertier n'en voulut recevoir aucun. Trente ans plus tard, la République d'Haïti, reconnue indépendante, s'engagea à payer cent cinquante millions d'indemnité à la France; mais c'était l'histoire du bon billet qu'a la Châtre. Pour sa part, M. Bertier récupéra seulement une portion dès quatre cent mille qu'il avait perdus; encore en abandonna-t-il quelque chose à la Société pour l'instruction élémentaire, dont il était un des membres les plus dévoués. Il se trouvait donc livré à lui-même, et privé de toutes les resssources sur lesquelles il avait primitivement compté. Rien ne le troubla; il poursuivit sans faiblir la tâche qu'il s'était donnée. Au lieu de marcher vite et d'opérer en grand, comme il le projetait d'abord, il se vit contraint d'agir avec lenteur, et sut encore en tirer un enseignement.

Il comprit que si les essais mesurés sont moins brillants, ils ont, en cas d'échec, le mérite très appréciable de ne tirer pas à conséquence. M. Bertier, qui avait le sens pratique merveilleusement développé, ne cessa de recommander la prudence dans les innovations, en même temps que la haine de la routine. Cela ne l'empêchait pas d'être très hardi et très résolu en affaires. Toutefois, il ne s'avançait jamais sans avoir préalablement examiné d'un œil net et sûr l'opération à faire, afin de laisser le moins possible au hasard.

Avant son arrivée à Roville, l'agriculture lui

était restée à peu près étrangère. Il se mit alors à l'étudier, dans les livres et sur le sol, avec toute l'énergie dont il était capable. Malgré son aversion pour la routine, il avait trop de sens pour dédaigner l'expérience acquise ; aussi ne laissait-il échapper aucune occasion de raisonner avec ses voisins de leurs habitudes agricoles. Par ce moyen, quelques-uns d'entre eux ouvraient les yeux à la lumière ; M. Bertier leur communiquait un peu de son esprit d'initiative, et il empruntait, en échange, à leur pratique les leçons expérimentales qui lui étaient nécessaires.

Deux ans après son arrivée à Roville, c'est-à-dire, en 1793, la confiance de ses concitoyens lui imposa les utiles mais épineuses fonctions de juge de paix. Ces magistrats étaient alors élus par le suffrage universel. Les cantons, moins étendus qu'aujourd'hui, étaient plus nombreux. M. Bertier conserva ses fonctions pendant quatre années, et les exerça si heureusement que jamais une seule de ses décisions ne fut attaquée. Il le rappelait quelquefois avec une juste fierté. On l'avait en même temps élu membre du Conseil de District.

Dans ses mains, Roville était promptement devenu célèbre ; de toute part on venait le visiter et consulter l'habile agronome qui l'avait transformé. Les grèves de la plaine avaient disparu. Les plus gros cailloux, ramassés un à un, avaient permis de passer à la claie le reste du sol, qui avait été ensuite défoncé entièrement. Les marnes et les argiles de la côte, mises largement à contribution, aidèrent à former une couche arable suffisante dans un canton qui n'en avait jamais connu. Le sol, remué en tous sens, produisit pour la première fois des récoltes, et la fortune recommença de sourire à son propriétaire. Toutes ces métamorphoses s'accomplissaient activement, mais sans hâte, et à mesure que ses moyens pécuniaires permettaient à M. Bertier de les réaliser. La vallée se couvrit de moissons, de prairies et de plantations qui avaient le double avantage de maintenir à la surface d'un sol sablonneux et brûlant une fraîcheur salutaire, et de fournir d'abondantes coupes de bois de chauffage ou de service, en même temps qu'elles occupaient des terres de mauvaise qualité, ou servaient de limites aux principales pièces de la ferme.

M. Bertier aimait du reste beaucoup les arbres; une année, entre autres, il en planta plus de cent cinquante mille pieds de toute espèce. Le plus jeune de ses fils lui disait un jour à ce propos-là : « Je crois, mon père, que s'il poussait un arbre au milieu de votre bibliothèque que vous aimez tant, plutôt que de l'abattre, vous préféreriez fendre la muraille pour lui ouvrir un passage. »

— « Tu pourrais bien avoir raison, répondit-il, en souriant. »

« Si tu veux du blé, fais des prés » dit un proverbe. En effet, pour récolter il faut semer, et pour que la terre produise, il faut des engrais. Plus on lui en donne, et plus elle devient féconde ; et à mesure que la production augmente, elle fournit au cultivateur de quoi l'augmenter encore. M. Bertier, qui ne l'ignorait pas, dut trouver chez lui-même les engrais qu'il ne pouvait se procurer au dehors. Les fourrages manquaient à Roville. Les prairies y étaient presque inconnues. M. Bertier en créa jusqu'au milieu des grèves les plus arides, et le canal du moulin, qu'une prise d'eau de la Moselle alimentait, lui permit de les arroser convenablement. Le sainfoin, le trèfle, la luzerne, etc., lui fournirent le reste du fourrage qui lui était indispensable. Prairies naturelles ou artificielles, culture en grand des plantes sarclées dont le produit était consommé à la maison : tout fut mis en œuvre à la fois, et lui donna enfin ce qu'il cherchait, des engrais en abondance.

Il eut de bonne heure un bétail très-considérable,
et le plus beau troupeau de moutons qu'il y eût
au loin. Ce dernier article lui paraissait très pro-
fitable. « *Omnia prestat ovis,* disait-il souvent;
j'ai gagné plus de soixante mille francs avec mes
moutons. » Le traité de la République française
avec l'Espagne avait stipulé la livraison à la
France d'une certaine quantité de moutons mé-
rinos. M. Bertier s'en procura un dépôt en 1811.
Son troupeau fut le premier qui pénétra dans nos
contrées. Pour le mieux soigner, il avait envoyé,
à son compte, des élèves-bergers à Rambouillet,
et deux de ses fils à l'école vétérinaire d'Alfort.

Désireux de multiplier les labours et de diminuer
les frais, en simplifiant la main-d'œuvre, il s'était
procuré, de bonne heure, tous les instruments
aratoires perfectionnés connus alors. Cela l'avait
mis en rapport avec le créateur célèbre des
établissements agricoles d'Hoffwyll (canton de
Berne), M. de Fellenberg. Une correspondance,
que leurs affaires privées n'alimentaient pas toujours, s'établit entre eux, et dura un grand nombre
d'années.

Cependant toutes ces améliorations ne s'opéraient
pas sans encombre. M. Bertier déploya pour les
réaliser une persistance que rien ne lassait, et

une singulière puissance de volonté. Il ne rencontra
pas non plus, chez les administrations publiques,
tout le bon vouloir auquel il aurait pu s'attendre ;
c'est ainsi qu'il ne put obtenir, à la douane de
Bourg-Libre, l'entrée franche des instruments
qu'il faisait venir d'Hoffwyll, quoique assurément
un pareil exemple méritât d'être encouragé.

Quant aux paysans des environs, ils avaient
d'abord très mal accueilli des changements qui
heurtaient de front leur routine encroûtée. L'espèce de colère qu'ils en éprouvaient s'était mani-
festée par de nombreuses voies de fait. Plus d'une
fois, les travaux et les récoltes de M. Bertier
furent pillés ou bouleversés par des gens qui ne
s'en cachaient guère ; mais, lorsqu'on vit les résul-
tats obtenus, l'exaspération se calma graduelle-
ment, et fit place à des sentiments moins dé-
raisonnables. On imita un peu les méthodes de
M. Bertier ; et, si on continua de piller ses propriétés, ce ne fut plus uniquement pour le plaisir de
faire du mal. Les plantes nouvelles qu'il cultivait,
les essences d'arbres qu'il avait introduites dans le
pays se répandirent peu à peu autour de Roville,
et certes il n'en avait pas toujours donné ou vendu
des échantillons à ceux qui s'en étaient procuré chez
lui. Il savait très-bien qu'on le volait ; cependant,

pourvu que l'agriculture du canton s'améliorât, et qu'on ne le dévalisât pas trop, il ne disait rien.

Il n'y avait alors ni ministère de l'agriculture, ni chambres consultatives, ni enseignement agricole sérieux ; M. Bertier réclamait vivement leur institution. C'est aujourd'hui un fait accompli. Il demandait aussi l'abolition de la taxe du sel qui existe toujours, l'abaissement du tarif des fers qui était alors véritablement prohibitif, la protection pour les laines et les bestiaux français, très arriérés à cette époque, et enfin, un code rural complet et la libre stipulation du taux des intérêts de l'argent, questions qui sont encore à l'étude. En économie politique, il n'appartenait à aucune école exclusivement; la rectitude naturelle de son jugement le préservait d'un tel écart. Sachant que la vérité pratique n'a rien d'absolu, il empruntait tour à tour à chaque système, libre-échange ou protection, ce qu'il pouvait avoir d'utile suivant les circonstances.

Dans l'espace d'une quarantaine d'années, il a publié une foule de brochures et de mémoires sur l'économie politique et l'agriculture. Les principaux sont : 1° *Moyen de remédier à la cherté du bois, 1808 ;* 2° *De l'alimentation des classes ouvrières ou pauvres pendant la disette de 1817 ;*

3° *Réflexions sur le code rural*; 4° *Opinion sur les parcellaires*; 5° *Réclamations de l'agriculture française, 1839*; etc. La question qui reparaissait le plus souvent de beaucoup dans ses écrits, c'était, nous l'avons déjà dit, celle de la réunion territoriale. Une autre y fut traitée aussi bien souvent, celle de la position des vétérinaires; M. A. Bertier réclamait, sur ce point, des améliorations qu'il obtint à très grand'peine et incomplètement. Ses efforts multipliés et soutenus s'expliquent assez par l'extrême utilité dont la médecine vétérinaire est à l'agriculture.

Maire de Roville, juge de paix du canton de Neuviller, membre du conseil de district de Vézelise, du conseil d'arrondissement de Nancy, du conseil général de la Meurthe, pendant une longue suite d'années, M. Bertier eut une vie publique très active. En 1815, l'arrondissement de Lunéville, dont les cantons actuels d'Haroué et de Vézelise faisaient alors partie, l'envoya siéger à la Chambre des Représentants. Cette chambre dura peu; la seconde invasion mit fin à son existence au bout de quelques semaines. Chacun sait les orageux débats qui l'agitèrent. M. Bertier y devint l'ami des principaux membres du parti libéral; il se lia personnellement avec Lafayette, Lanjui-

nais, Lafitte, Benjamin-Constant, Dupont (de
l'Eure), etc., et, après Waterloo, vota la dé-
chéance de la dynastie impériale, quoiqu'il fût
loin d'aimer les Bourbons. Peu de mois auparavant,
le comte d'Artois était passé à Roville, et M. Bertier lui avait adressé quelques avertissements.
Cela déplut fort au prince royal qui le prouva
immédiatement. M. Bertier expia, par une courte
détention chez lui-même, la hardiesse qu'il avait
eue de faire allusion au sort des Stuarts, devant
celui qui, plus tard, fut Charles X, et reprit encore deux fois comme eux le chemin de l'exil,
avant d'y finir ses jours. Il avait en politique des
opinions libérales très-arrêtées. Le mandat de
député lui fut offert plusieurs fois, depuis l'époque
où il avait paru au Champ-de-Mai, sans qu'il pût
l'accepter; néanmoins il appuya de toutes ses
forces les candidats qui lui étaient sympathiques,
et ce ne fut pas toujours en vain.

Les sociétés économiques ou agricoles, habi-
tuées à couronner ses mémoires et ses opérations
sur le sol, tenaient à grand honneur de le compter
parmi leurs membres associés. Lors de la création
du conseil d'agriculture près du ministre de l'in-
térieur, en 1819, il fut notamment nommé son
correspondant pour la Meurthe, et prié en même

temps de désigner ceux de ses concitoyens qui lui paraissaient dignes d'être ses collègues. J'ai en ce moment sous les yeux copie de sa réponse, et les notes qu'il donna sur huit personnes, en tête desquelles figure un homme dont les services ne doivent pas faire méconnaître les siens.

M. Bertier croyait alors qu'on voulait faire de chacun de ses correspondants, le directeur d'une ferme expérimentale ; du moins, il feignait de le croire, afin d'en suggérer l'idée. Il méditait depuis longtemps l'organisation d'un établissement où l'enseignement agricole fût complet. Celui de son ami, M. de Fellenberg, rendait trop de services à la Suisse, pour qu'un philanthrope tel que lui ne travaillât pas à introduire quelque chose d'analogue en France.

IV

Son plan fut bientôt dressé ; tout y était prévu, depuis l'école primaire, jusqu'à l'institut agricole et à la fabrique d'instruments aratoires perfectionnés. Il passa donc à l'exécution, et commença par l'école primaire.

Roville et les communes voisines en manquaient; aussi M. Bertier voulut-il que la sienne ne servît pas uniquement aux enfants du village, mais que ceux des environs y fussent admis. La maison et le matériel, fournis par le donateur, lui coûtèrent douze mille francs. On devait y joindre une classe d'adultes, un terrain pour la culture des plantes médicinales et des arbres fruitiers, et une bibliothèque populaire dotée par son fondateur d'une rente annuelle de cinquante francs. M. Bertier pensait que pour avoir un bon instituteur, il fallait lui garantir le nécessaire : huit cents francs lui paraissaient être le minimum de traitement indispensable alors. Toute autre fonction était, à ses yeux, absolument incompatible avec celles d'instituteur ; le sien devait être indépendant. Son enseignement devait comprendre, outre les matières ordinaires, les éléments de l'agriculture théorique et pratique, de l'histoire naturelle, de l'hygiène, et plus tard, s'il était possible, de la géométrie, de la mécanique usuelle, du droit et de l'économie politique. C'était, on le voit, une véritable école professionnelle préparatoire. Enfin, la méthode d'enseignement adoptée fut la mutuelle : elle convenait à une école destinée aux enfants de quatre communes. L'acte de donation dressé par M. Bertier stipule longuement toutes ces conditions.

Créée vers la fin de 1818, l'école communale de Roville fut solennellement inaugurée le 1er février 1819 : M. Bertier l'avait placée sous le patronage de la Société de Paris pour l'instruction élémentaire. Elle rencontra, dès sa naissance, un adversaire acharné dans la personne de M. de Forbin-Janson, évêque de Nancy. La lutte dura sept ans, et se termina par la fermeture de l'école, le 1er juin 1827. M. Bertier était sur le point d'obtenir sa réouverture, quand la révolution de juillet 1830, loin de l'aider, lui apporta de nouvelles entraves. Rouverte enfin, en 1833, cette école primaire de Roville n'est plus aujourd'hui qu'une école de village ordinaire.

Quelques personnages célèbres s'étaient occupés d'agriculture au XVIIIe siècle. Helvétius à Voré, Buffon à Montbard, le duc de Choiseul à Chanteloup, Voltaire à Ferney, l'avaient pratiquée avec éclat. Voltaire avait trouvé trente habitants à Ferney en 1758 ; il en a laissé douze cents à sa mort, vingt ans plus tard. Le pays était désert et malsain ; il l'assainit, le peupla et l'enrichit ; mais il disposait de capitaux considérables, et Ferney, situé sur l'extrême frontière, aux portes de Genève, était une terre entièrement libre. Helvétius, Buffon, Choiseul étaient dans des positions exceptionnelles. Helvétius et Choiseul possédaient d'immenses fortunes, et il est si aisé de bien faire lorsqu'on a beaucoup d'argent !

On parlait beaucoup de la campagne en ce temps-là ; on la chantait en vers, on la vantait en prose ; mais on la connaissait généralement peu, et on la pratiquait encore moins. L'agriculture était abandonnée aux paysans. L'exemple de quelques propriétaires, nobles ou bourgeois, qui exploitaient eux-mêmes leurs terres, était plus admiré que suivi : En 1789, l'agriculture était encore à peu près aussi barbare que deux ou trois siècles auparavant.

La Révolution lui donna un premier essor ; malheureusement, elle ne put pas faire davantage. Il fallait au commerce, à l'industrie, aux affaires, des temps plus calmes. La France, en proie à la guerre civile, avait en outre l'Europe entière à combattre ; ce n'était guère le temps des améliorations pacifiques. Néanmoins le changement des conditions sociales eut, même sur l'agriculture, une influence salutaire. Quelques bons citoyens, M. Bertier à leur tête, travaillèrent de tout leur pouvoir à populariser le goût du progrès. Ils prêchaient d'exemple, et on se mit à les imiter ; mais ces premiers disciples furent d'abord timides et peu nombreux.

M. Bertier comprit de bonne heure qu'il était absolument indispensable d'imprimer une impulsion vigoureuse à l'esprit public. Il résolut de donner aux choses de l'agriculture une existence officielle. Pour cela, il ne suffisait pas d'écrire et de parler ; il fallait agir, c'est-à-dire, élever une génération qui fût exempte de préjugés. Or, le plus sûr moyen d'y arriver, était d'ouvrir des fermes-écoles où l'on fît des élèves capables d'enseigner à leur tour, et de vulgariser les saines doctrines expérimentales. La science agricole n'existait pas en France ; il s'agissait donc, à la fois, de la créer et de la répandre, entreprise pleine de difficultés. Que de préjugés à vaincre ! Comment d'abord faire croire à l'existence d'une science agricole ? Et ensuite, comment relever la profession de cultivateur au rang des plus nobles ? elle qui avait été si longtemps dédaignée et tenue pour un vil métier, indigne de ce que sous l'ancien régime on appelait un honnête homme.

C'est ce que M. Bertier entreprit vers 1820.

En agriculture, il estimait fort la théorie ; mais il faisait encore plus de cas de la pratique. L'éclat extérieur le séduisait peu. Il distinguait volontiers dans la science les données acquises, de la portion purement spéculative et conjecturale.

L'agriculture était, à ses yeux, une industrie régie par les mêmes lois économiques que toutes les autres industries. Un bon cultivateur devait donc être, avant tout, un esprit positif. Il mesurait, avec raison, la valeur des méthodes agricoles, à leur produit net ; c'est pourquoi, il voulait former des praticiens éclairés et progressistes, des administrateurs judicieux, plutôt que des théoriciens brillants. Dans ce but, il se prépara à fonder une école supérieure d'agriculture, et à la diriger en personne.

Malheureusement, l'âge commençait à se faire sentir. Sans être devenu tout-à-fait un vieillard, il n'était cependant plus un jeune homme, car il touchait à la soixantaine. En outre, sa santé lui causait de graves inquiétudes; cela le fit se poser à lui-même plusieurs questions décisives. Était-il assuré de vivre encore le temps nécessaire pour se préparer un successeur ? S'il mourait bientôt, comme tout le lui faisait craindre, que deviendrait son œuvre ? ne serait-elle point exposée à périr avec lui ? Or, se dit-il, je veux avant tout que ma fondation vive. Mon devoir est donc tout tracé,

ajouta-t-il après avoir mûrement réfléchi ; je vais
confier mon entreprise à des mains plus jeunes
que les miennes. Il ne se dissimulait pourtant pas
qu'il lui faudrait sacrifier une portion de ses des-
seins à l'homme, qu'à défaut de lui-même, il choi-
sirait pour les exécuter ; mais il aimait encore
mieux cela que de renoncer entièrement à ses
projets.

Il détacha donc de son beau domaine de Roville une ferme considérable où tous les genres de
culture pouvaient être essayés. Terres argileuses,
terres calcaires, terres siliceuses, riche carrière
de marne, prairies arrosables, plantations, houblonnières, vastes bâtiments d'habitation et d'exploitation, tout s'y trouvait réuni, dans les meil-
leures conditions. Les bâtiments, situés au milieu
du village, s'ouvraient, en outre, sur une excel-
lente route de première classe. Après avoir com-
posé ainsi la ferme, M. Bertier ne songea plus
qu'à mettre à sa tête un homme qui sût écrire et
professer. M. Mathieu de Dombasle lui paraissant
avoir ce double talent, il crut pouvoir s'adresser
à lui et réclamer son concours, quoiqu'il n'approu-
vàt pas toutes ses tendances.

M. de Dombasle accepta la ferme, mais n'osa
pas d'abord se charger de l'école, ni de la fabrique

d'instruments aratoires perfectionnés que le propriétaire y voulait joindre. « Vous n'aurez pas l'une sans l'autre, lui répondit M. Bertier. Il vous faut tout accepter ou tout refuser ensemble. Je ne prétends pas vous faire enseigner mes idées. Si j'ai les miennes, vous avez nécessairement aussi les vôtres ; mais je fais de l'existence d'un institut agronomique et d'une fabrique d'instruments aratoires perfectionnés à Roville, la condition expresse de mon bail. » M. de Dombasle céda, et convint plus tard que les deux seuls articles sur lesquels il ait été constamment en bénéfice, étaient précisément ceux qu'il repoussait d'abord. Sa culture aventureuse avait été fort mêlée de succès et de revers. De son propre aveu, elle s'était liquidée en perte de onze mille francs sur les vingt années du bail.

Un bail modèle fut dressé, article par article, par M. Bertier, et conclu définitivement le 25 juillet 1822. Quelques personnes mal informées en ont fait honneur au fermier, bien qu'il soit réellement l'œuvre du propriétaire. M. de Dombasle n'a fait que le signer ; nous en sommes personnellement certain. Pour qui a connu M. Bertier, ou lu ses ouvrages, il est, d'ailleurs, clair comme le jour que lui seul a rédigé le bail de

Roville, où se retrouvent en foule ses locutions habituelles.

M. de Dombasle manquait des capitaux nécessaires pour monter son train ; M. Bertier ouvrit une souscription nationale afin de les lui procurer. Sachant combien l'appui d'un corps constitué a d'influence sur l'esprit public en France, il s'était d'abord adressé au Conseil général du département de la Meurthe ; mais il avait échoué. Repoussé de ce côté-là, M. Bertier ne compta plus que sur l'initiative privée ; et cette fois son attente ne fut pas trompée. On lui avait bien offert les quarante-cinq mille francs jugés d'abord nécessaires à M. de Dombasle, pourvu qu'il donnât sa signature en échange ; mais il avait préféré s'adresser au public, afin de donner à sa fondation plus de retentissement et de popularité. Il divisa le capital à fournir en quatre-vingt-dix actions de cinq cents francs, s'engagea à garder pour son compte personnel toutes celles qui ne seraient point souscrites, et abandonna aux actionnaires son privilége de propriétaire sur le mobilier d'exploitation. M. Bertier avait désiré que chacun souscrivît peu, afin d'intéresser à la chose le plus grand nombre de personnes possible. On compta parmi les souscripteurs des hommes de toutes les opinions. Plusieurs libéraux figuraient dans leurs rangs, à côté du duc d'Angoulème. Il va sans dire que M. Bertier s'était inscrit le premier sur la liste, afin de donner l'exemple. Plus tard, M. de Dombasle eut encore besoin de quinze mille francs qu'on lui fournit de la même manière.

Le bail commença à courir le 1ᵉʳ mars 1823; et devait durer vingt ans, chose inouïe alors. Une clause d'importation anglaise permettait au fermier de le prolonger d'autant. Il lui suffisait d'offrir, dans le cours de la dix-neuvième année, une augmentation de mille francs. Le bailleur avait un mois pour refuser; mais il devait alors payer au preneur dix mille francs d'indemnité. S'il laissait passer le mois sans répondre, son silence équivalait à un acquiescement. Le preneur pouvait, en cas de refus, faire d'autres notifications subséquentes, toujours dans le mois qui suivrait celle précédente du bailleur. Celui-ci devait payer une nouvelle indemnité de cinq mille francs, par chaque augmentation de cinq cents francs refusée au preneur. Cette sorte d'enchère ne devait se terminer qu'après une notification restée un mois sans réplique. Cela permettait au fermier de faire toutes les avances nécessaires au sol, et d'en recueillir les fruits. Il y trouvait certainement plus d'avantage que le propriétaire.

M. Bertier et M. de Dombasle ne vécurent pas longtemps en bonne intelligence. Le premier réclamait une complète exécution des clauses et conditions du bail, mais ne l'obtenait pas toujours : de là des démêlés qui eurent un grand retentissement et redoublèrent de vivacité à l'expiration du bail, en 1843. Les tribunaux ayant eu plusieurs fois à en connaître, nous nous abstiendrons d'en parler ici avec détails. Nous nous bornerons à rappeler que finalement M. de Dombasle fut dispensé de remplir quelques-unes des obligations importantes qu'il avait librement contractées.

Malgré les efforts de M. Bertier, l'Institut de Roville cessa d'exister en 1843. Plusieurs agronomes, auxquels le fondateur en avait offert la direction, ne purent ou n'osèrent l'accepter.

« Que ne l'avez-vous dirigé vous-même ! lui disait mon père, en 1844, vous ne lui survivriez pas aujourd'hui. Son enseignement aurait été tel que vous vouliez qu'il fût, essentiellement pratique et positif ; et vos amis n'auraient point à gémir pour vous de l'ingratitude publique. » —
« Soit, répondit M. Bertier ; je conviens avec vous

que je n'aurais pas lieu de dire : *Sic vos non
vobis.* Mais vous savez pour quelles raisons j'ai
mis une autre personne à la place que je m'étais
longtemps réservée. Si j'avais eu, en 1822, la
même santé que dix ans plus tard et que je pos-
sède encore aujourd'hui, malgré mes quatre-vingt-
trois ans, j'aurais présidé moi-même à l'applica-
tion de mes idées. Peut-être n'aurais-je pas été
inutile. Aujourd'hui, il n'est plus temps ; d'ailleurs je suis trop vieux. L'essentiel était que
l'enseignement agricole naquît ; les intérêts de
ma personnalité me paraissent peu de chose en
comparaison. Or, ma fondation nous en a valu
plusieurs autres : J'ai donc en grande partie
atteint mon but, et peu d'hommes peuvent en dire
davantage. »

V

M. Bertier n'avait pas renoncé entièrement à
l'agriculture active : loin de là. Il continuait
d'exploiter des réserves considérables, des prairies, des plantations, des vignes, des jardins, des
houblonnières, etc. Il avait même créé une partie

de ces réserves depuis l'installation de M. de Dombasle à Roville ; et les élèves de ce dernier purent comparer à loisir les brillantes théories de leur maître, à la pratique sensée et productive du respectable patriarche qui avait su faire tant de choses avec si peu de ressources. Ceux qui en profitèrent n'eurent pas à s'en repentir.

La culture de la vigne doit beaucoup à M. Bertier. Le vin de Bayon et des alentours a de la réputation en Lorraine. Sans être un vin de luxe, il est néanmoins assez bon. Il se conserve et se transporte bien et, loin de perdre, il gagne au contraire, à ces deux opérations ; c'est pourquoi M. Bertier faisait voyager le sien, avant l'établissement des droits réunis, et, depuis, le fit longtemps secouer à bras d'homme, dans ses caves, afin de suppléer aux voyages devenus impossibles. L'art de tailler et de planter la vigne, et celui de préparer le sol à la recevoir, ne lui doivent pas moins que la fabrication du vin. Il fut aussi un des premiers et des plus habiles planteurs de houblon du pays. Les variations brusques et considérables auxquelles les prix de cette denrée sont sujets, mirent fréquemment la perspicacité commerciale de M. Bertier à l'épreuve la plus heureuse.

La route actuelle de Lunéville à Vaucouleurs, qui traverse Bayon, Haroué et Vézelise, existe depuis une quarantaine d'années. Elle dessert des contrées riches et peuplées : on la doit à M. Bertier. C'est grâce à ses efforts persévérants qu'on l'a établie, et que le pont de Bayon remplace aujourd'hui le bac incommode et dangereux sur lequel on passait autrefois la Moselle; mais, parmi les nombreux voyageurs qui usent de l'un et de l'autre, combien savent-ils aujourd'hui à qui doit s'adresser leur reconnaissance ?

Vers la même époque, il obtint la création d'une chaire d'agriculture à l'école normale primaire du département. Il fit décider qu'on y enseignerait l'horticulture, beaucoup trop négligée par les paysans lorrains, et un peu d'économie rurale. Il désirait aussi qu'on joignit l'exemple au précepte, et qu'il y eût dans tous les villages, comme à Roville, un champ d'expériences attaché à l'école.

VI

Jusqu'à présent, nous n'avons vu que l'agronome, l'économiste ou l'homme public chez M. Bertier.

Il nous reste à examiner rapidement une dernière face de son caractère qui n'est pas la moins remarquable.

C'est maintenant l'homme proprement dit que nous allons rappeler en terminant.

Au milieu de ses travaux, M. Bertier entretenait des relations avec un grand nombre de personnages célèbres à divers titres. La Fayette, Lanjuinais, Alexandre de Lameth, l'abbé Grégoire, Manuel, Casimir Périer, Dupont (de l'Eure), Etienne, Francœur, Fellenberg, Boulay (de la Meurthe), Tessier, Victor Yvart, Pestalozzi, Oberlin, François de Neufchâteau, le général Drouot, Benjamin Constant, etc., furent ses amis ou ses correspondants. Il reçut la plupart d'entre eux à Roville. « Dans sa maison ouverte à tout le monde, l'hospitalité se pratiquait à la manière antique. » La noble courtoisie du patriarche donnait à son accueil un charme irrésistible. Son extérieur inspirait le respect. Sa belle tête, intelligente et fine, faisait tout de suite sentir, en l'abordant, qu'on n'était pas devant quelqu'un d'ordinaire.

Peu d'hommes joignaient une activité aussi grande et une aptitude aussi merveilleuse à tout saisir, au don précieux de se mettre également à

la portée de tous les âges et de toutes les conditions. Chose rare, marque d'une âme véritablement supérieure, il ne cessa jusqu'au bout d'aimer et de favoriser, chez autrui, la jeunesse
qu'il ne possédait plus. Esprit singulièrement
délié, pénétrant et souple, il savait parler à chacun le langage qui lui convenait.

Nul ne représentait mieux que lui les belles et
bonnes traditions du XVIII° siècle, au milieu
duquel il était né. Son activité, son énergie et
son aptitude aux affaires n'avaient d'égales que
ses manières aimables, et son exquise urbanité
dans les relations du monde. Il menait de front,
avec une aisance, une politesse et une dignité
parfaites, le gouvernement de sa maison et de
ses affaires, les travaux de cabinet, la vie politique et les devoirs de la société.

C'était un vrai fils de Voltaire. L'existence du
patriarche de Roville, ses goûts, son caractère, ses
occupations, son genre de vie, ses aptitudes variées,
la tournure de son esprit, procèdent du patriarche
de Ferney. Il en partageait les opinions philoso-
phiques. Sans doute, il admettait avec les spiri-
tualistes une Providence surnaturelle, mais sans
trouver qu'elle se mêlât bien efficacement des
affaires de ce monde : il l'avouait quelquefois.

Son opinion était que l'homme doit compter sur lui-même, avant toute chose. Aide-toi, le Ciel t'aidera, lui paraissait être la meilleure règle de conduite : sa vie entière en offrait une démonstration péremptoire.

A mesure qu'il avait avancé dans la vie, ses contemporains étaient morts les uns après les autres. Tous les amis de sa jeunesse avaient fini par disparaître successivement. La plupart de ceux qu'il s'était faits dans l'âge mûr, l'avaient précédé dans la tombe. Madame Bertier et plusieurs membres de leur famille étaient morts longtemps avant lui. Il survivait presque seul à deux ou trois générations ; néanmoins, malgré tant de pertes successives, le vide ne s'était point fait complètement autour de lui car la plus grande partie de sa famille lui a survécu.

Il lui restait d'ailleurs un certain nombre d'amis fidèles pendant ses dernières années (1). C'étaient pour la plupart des hommes, jeunes relativement à lui, auxquels il témoignait dans sa bienveillance un intérêt tout paternel, et qui le payaient en

---

(1) Parmi lesquels nous citerons **MM.** La Flize et **Viox,** Représentants du Peuple, Henri Boulay (de la **Meurthe),** vice-président de la République, etc.

retour d'un profond sentiment de reconnaissance et de respect. Ils le regardaient comme un maître, et ne l'aimaient pas seulement pour l'attachement qu'il voulait bien leur témoigner. Ils vénéraient aussi dans sa personne l'homme bienfaisant, le patriote dévoué, le libéral éminent, sage et inébranlable dans ses convictions. Ils le chérissaient, en un mot, pour ses vertus publiques non moins que pour ses qualités privées.

Supérieur, par nature et par réflexion, à ce qu'il traitait en souriant de « misères humaines, » M. Bertier ne donnait pas dans les travers de caractère qui rabaissent tant d'autres hommes; mais il était trop indulgent pour ne point les pardonner à ceux qui ne lui ressemblaient pas. Il tâchait seulement de ne point avoir les mêmes faiblesses.

Il tenait à la vie, non par un instinct aveugle et bas de conservation personnelle, mais parce qu'il aimait à en contempler autour de lui les manifestations. Il prenait de lui-même un soin minutieux. Chaque jour on le voyait faire une longue promenade à pied, exercice hygiénique qu'il dirigeait tantôt d'un côté et tantôt de l'autre, mais toujours là où il avait affaire. Il y conduisait ses hôtes, et savait leur plaire par une conversation singulièrement instructive et attachante. Il conciliait ainsi les exigences de sa santé, celles de ses intérêts et ses devoirs d'homme du monde. On peut dire que s'il a vécu quatre-vingt-treize ans, c'est parce qu'il a voulu vivre. Lorsque le mauvais temps le confinait à la maison, il suppléait par une espèce de gymnastique à sa promenade habituelle, afin, disait-il, d'empêcher ses charnières de se rouiller.

Il aimait aussi à réclamer le concours de ceux qui l'approchaient. Que de fois mon père, auquel il portait une véritable affection, lui a servi de secrétaire ou de lecteur ! Je lui en ai servi moi-même deux ou trois fois, pendant mon enfance ; et le souvenir de la bienveillance qu'il me montra alors m'est resté présent.

Les admirables facultés dont il avait été doué commencèrent à s'affaiblir vers 1850 ; elles déclinèrent rapidement. Il se survécut à lui-même ; spectacle navrant pour ceux qui l'avaient aimé !... Chose plus cruelle encore ! il eut pendant une année entière, conscience de sa décrépitude. Je n'oublierai jamais de quel ton plein d'ironie et de pitié, et avec quel sourire amer il parlait de sa propre décadence. Il en suivit longtemps la marche progressive. « Ah ! mon enfant, me dit-il un jour, je n'y suis plus. Puisses-tu ne pas tomber sur la fin de ta vie dans l'état où je suis. Tu n'en saurais imaginer un plus douloureux. » — « Le corps moins épuisé chez lui que la pensée, résista seul dans une lente et pénible agonie. » Il s'éteignit enfin le 5 décembre 1854. Une foule considérable accourue le surlendemain à ses funérailles, vint lui rendre un dernier et pieux hommage.

Deux discours furent prononcés sur sa tombe, et deux autres devaient l'être encore; mais les orateurs qui les avaient préparés renoncèrent à parler après avoir entendu M. La Flize.

M. A. Bertier repose maintenant, entouré des siens, dans l'humble cimetière du village où il a passé les deux tiers de sa vie.

APPENDICE

La biographie qu'on vient de lire a paru pour la première fois, en 1865, dans la *Bibliothèque populaire* de M. E. Nollet. Nous la reproduisons aujourd'hui avec quelques modifications.

Trois autres avaient été précédemment publiées sur M. A. Bertier ; la première par son neveu, le docteur A. Turck (de Nancy), la seconde par M. La Flize, actuellement député de Meurthe-et-Moselle, et la troisième par M. Viox, mort depuis député à l'Assemblée nationale.

Les deux premières parurent dans l'*Impartial*, et la dernière sous la forme d'une brochure, écrite en Belgique quoique imprimée en France ; son auteur était alors proscrit par le gouvernement impérial.

Nancy, Imp. Nancéienne, rue de la Pépinière, 1, direct. GÉBHART.